www.ingramcontent.com/pod-product-compliance
Lightning Source LLC
Chambersburg PA
CBHW030945240526
45463CB00016B/1966
* 9 7 8 1 6 5 4 1 8 1 3 4 5 *